Dessine ou colle ici
une photo de ta maman.

Ma maman

Titre initialement publié en 2018 en Angleterre par Penguin sous le titre *I love you, Mummy Pig!*
Édité en 2018 par Hachette Livre, 58 rue Jean Bleuzen, 92178 Vanves CEDEX. 
Dépôt légal : mai 2018. Édition 01. Achevé d'imprimer en mai 2018 par Pollina en France - 84445.
Adaptation : Anne Marchand Kalicky. Maquette : Ivana Vukojicic.
Loi n° 49-956 du 16 juillet 1949 sur les publications destinées à la jeunesse.

# Je t'aime, Maman Pig !

Très tôt ce matin, Peppa et George ont réveillé Papa Pig et l'ont entraîné dans la cuisine.

– Nous voudrions faire une **surprise** à Maman pour le petit-déjeuner, annonce joyeusement Peppa.

– Aaahhhh ! bâille Papa Pig. Eh bien…
Je suis le roi des **crêpes**.
– Youpiiii ! s'écrie Peppa. Maman adore les crêpes.

En haut, dans son lit, Maman Pig entend de drôles de bruits.

BANG ! CRAC !

– Hou ! Hou ! Hou ! Oups !

– MAMAN ! s'écrie soudain Peppa. On a besoin de toi, Maman.

Maman Pig descend vite de son lit et les rejoint.

– Maman, nous voulions te faire un petit-déjeuner surprise, explique Peppa. Mais il y a eu un problème.

– **Surprise !** marmonne Papa Pig.
– C'est adorable ! répond Maman Pig en souriant.

– Pourquoi ne rangeriez-vous pas le désordre pendant que je termine de préparer le petit-déjeuner ? propose Maman Pig.

Maman fait sauter les crêpes dans la poêle et les dépose dans les assiettes… sans aucun accident.

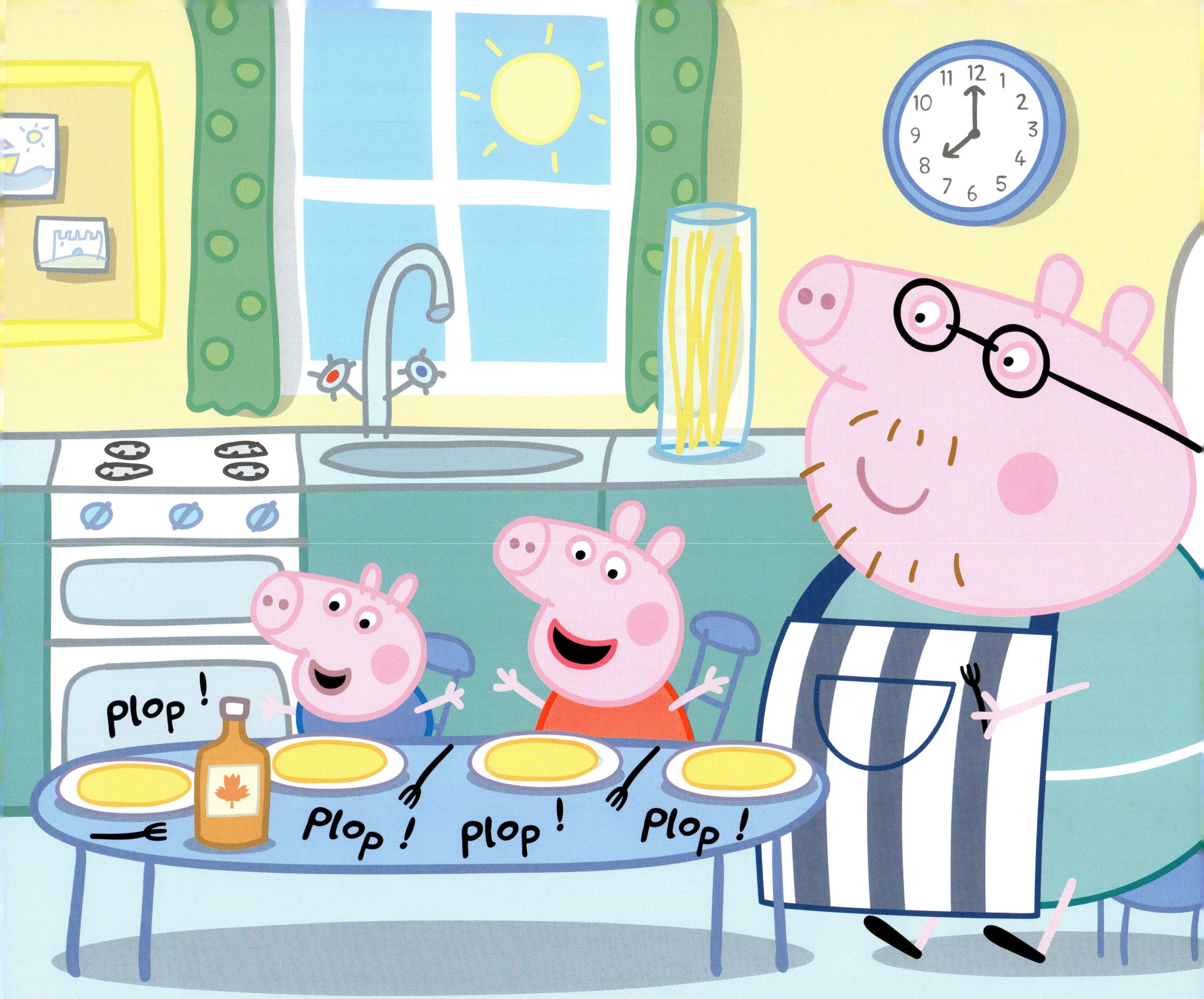


– **Wouaouh,** Maman ! s'écrient Peppa et George. Tu es trop forte !
– Et en plus, elles sont délicieuses, ajoute Papa Pig.

Après le petit-déjeuner, Peppa chuchote à l'oreille de Papa Pig :
– Et si on emmenait Maman à la plage ?
– Bonne idée ! murmure Papa. Elle adore y aller !
– Maman ! appelle Peppa. Nous t'emmenons faire une petite promenade surprise !
– Oh ! Super ! répond Maman Pig. Je vais chercher mes affaires.

Maman prépare son sac et tout le monde grimpe en voiture !

– C'est parti ! lance Peppa.

– C’est beau ! s’écrie Maman Pig en arrivant.
La plage est… sous la neige !
– Oh ! soupire Peppa qui ne s’attendait pas à ça.
Il fait **vraiment** froid.

– Ne vous inquiétez pas, j'ai tout prévu ! dit Maman Pig.
Dans son sac, elle a emporté des vêtements chauds, une table, des chaises et plein de jouets.
– Merci, Maman, dit Peppa.

Peppa construit un château de neige pendant que George et Papa Pig jouent à la balle.
– Toi, tu te reposes, dit Papa Pig à Maman Pig. George ? Attrape !
Il lance la balle haut dans les airs mais… catastrophe ! Elle va atterrir sur le château de Peppa.

– MAMAN ! s'écrie Peppa.
On a besoin de toi, Maman !

Maman Pig bondit de sa chaise longue
et attrape la balle juste à temps.

– Wouahou, Maman !
s'écrie Peppa. Tu es trop forte !

– Et maintenant, si nous faisions un bon repas ? propose Papa Pig en sortant un grand panier à pique-nique de la voiture. Mais au moment où tout le monde va se régaler, le vent se met à souffler très fort.

PPPPFFFFF !

Le pique-nique
est emporté dans
les airs.

– MAMAN ! s'écrie Peppa. On a besoin de toi, Maman !

Aussitôt, Maman s'empare du parasol et s'en sert pour rattraper le pique-nique.

– Wouahou, Maman ! s'écrie Peppa. Tu es trop forte !

– Et maintenant, si on envoyait des boules de neige dans la mer ? suggère Peppa quand ils ont terminé le déjeuner. Papa Pig, Peppa et George se précipitent au bord de l'eau pendant que Maman Pig lit un livre.

Papa Pig et Peppa
s'amusent beaucoup.

Mais George, lui, s'est trompé : il a lancé M. Dinosaure dans la mer au lieu d'envoyer des boules de neige.
– Ouiiiiiin ! se met-il à pleurer en voyant dériver son doudou.
– **MAMAN !** s'écrie Peppa. On a besoin de toi, Maman !

Maman Pig se met à courir vers le bord de l'eau, aperçoit M. Dinosaure, enlève son manteau et plonge dans la mer pour l'attraper !

– Ooooh ! halète-t-elle, la mer est un **peu** froide…

Elle nage en direction de M. Dinosaure, le saisit, puis revient vers le bord.
– Di-no-saure ! s'écrie George, heureux.
– **Wouahou, Maman !** s'écrie Peppa.
Tu es trop forte !

Peppa, George et Papa Pig sèchent et réchauffent Maman Pig en la couvrant de serviettes.

– Je pense qu'il est temps de rentrer à la maison, annonce Papa Pig.

– Bonne idée ! répond Maman Pig en rangeant les affaires.

– *Au revoir, plage de neige !* chante Peppa tout le long du retour.

Après le dîner, Maman Pig et Papa Pig aident Peppa et George à se mettre au lit. Puis ils leur lisent une histoire.
– Bonne nuit, Peppa ! Bonne nuit, George ! dit Maman Pig.
– Bonne nuit, la **meilleure** maman du monde ! répond Peppa en riant.

Maman Pig et Papa Pig descendent dans le salon.
Mais ils se sont à peine assis que Peppa appelle :
– **MAMAN !** On a besoin de toi, Maman.

Alors Maman remonte les escaliers.

– Que se passe-t-il, Peppa ?
– **Je t'aime, Maman,**
dit Peppa en lui faisant
un énorme câlin.
– Moi au-ssi, ze t'aime, Maman,
ajoute George en lui faisant lui
aussi un énorme câlin.

– **Je vous aime tous les deux** très très fort,
répond Maman Pig. Maintenant,
au dodo ! Dormez bien
et à demain matin.

Maman Pig redescend au salon où l'attend Papa Pig.
– C'est pour toi, lui dit-il en lui tendant un paquet-cadeau.

Maman Pig redescend au salon où l'attend Papa Pig.
– C'est pour toi, lui dit-il en lui tendant un paquet-cadeau.

Maman Pig le déballe et découvre une grosse tablette de chocolat.
– **Oooh ! Merci,** répond Maman Pig, ravie.
Elle écarte aussitôt le papier et…

… comprend vite qu'un gourmand a déjà goûté au chocolat.
– Papa Pig ! gronde-t-elle gentiment.
Papa Pig se sent coupable… Il devient tout rouge et dit :
– **Je t'aime, Maman Pig !**